AF316522

# VENTE DU 13 FÉVRIER

*(Famille de Grandville*

# AQUARELLES

## ET

## DESSINS

## 1882

COMMISSAIRE-PRISEUR

**M⁰ MAURICE DELESTRE**

27, rue Drouot, 27

**M. CLEMENT**

Marchand d'Estampes de la Bibliothèque Nationale

3, rue des Saints-Pères, 3

# CATALOGUE

D'UNE BELLE COLLECTION

# D'AQUARELLES

ET

# DESSINS

PAR

## DAUMIER, GRANDVILLE, H. MONNIER, PRUD'HON, CHARLET, GAVARNI, ETC.

DONT LA VENTE AUX ENCHÈRES PUBLIQUES AURA LIEU

HOTEL DES COMMISSAIRES-PRISEURS, RUE DROUOT, N° 9

SALLE N° 4

## Le Lundi 13 Février 1882

A UNE HEURE ET DEMIE PRÉCISE

---

Par le ministère de **M° MAURICE DELESTRE**, Commissaire-Priseur,
27, rue Drouot, 27.

Assisté de **M. CLEMENT**, Marchand d'Estampes de la Bibliothèque Nationale,
rue des Saints-Pères, 3.

---

## EXPOSITION PUBLIQUE

## Le Dimanche 12 Février 1882

DE DEUX HEURES A QUATRE HEURES

—

## PARIS. — 1882

# CONDITIONS DE LA VENTE

Elle sera faite au comptant.

Les adjudicataires payeront *cinq pour cent* en sus des enchères.

Les attributions de l'amateur ont été conservées.

# ORDRE DE LA VACATION

L'ordre du Catalogue sera suivi.

Paris. — Typ. PILLET et DUMOULIN, 5, rue des Grands-Augustins.

# DÉSIGNATION

---

## AQUARELLES ET DESSINS

### CHARLET (N.-T.)

1 — Heu malheur! j'en mangerais dix comme toi.

A la plume et lavis de Sépia. Signé.

### DAUMIER (H.)

2 — Les Banqueteurs. Rifolard ouvre le bal et exécute un cavalier seul qui obtient l'approbation générale.

Aquarelle. A été lithographié par l'artiste avec quelques modifica-cations, et publié dans le *Charivari* du 21 novembre 1848.

3 — Croquades politiques. « Vois-tu, petit, t'as tort de t'mê-ler d'la politique..... un cuisinier n'doit être *saucialiste* que dans sa cuisine. »

Aquarelle. A été lithographié par l'artiste, et publié dans le *Charivari* du 27 avril 1849.

4 — Uu homme assis auprès d'une table, cause avec deux femmes, également assises.

Aquarelle.

## DAUMIER (H.)

5 — Un jeune homme portant un chien et donnant le bras à une jeune femme bossue, enveloppée d'un grand manteau.

*Au lavis d'encre de Chine, rehaussé de blanc.*

6 — Un jeune garçon saisi de frayeur à la vue d'une femme qui relève sa robe et lui fait voir son mollet.

*Aquarelle.*

7 — Monsieur et Madame se boudent.

*Aquarelle.*

8 — Le Marchand de chansons, composition de cinq figures.

*Aquarelle.*

9 — La Confidence. Deux hommes debout, dans la campagne, dont un parle à l'oreille de l'autre.

*Aquarelle.*

10 — Deux ivrognes à table.

*Aquarelle.*

11 — A l'entrée d'un théâtre, l'ouverture des bureaux.

*Aquarelle.*

12 — Le Mal de mer, composition de sept figures sur un bateau.

*Aquarelle.*

13 — Les Bains froids.

*Aquarelle.*

14 — Le Propriétaire et la portière. Composition de deux figures.

*Aquarelle.*

## DAUMIER (H.)

15 — Un homme debout, en chemise, dans une chambre à
coucher, allume sa pipe.

Aquarelle.

## DELAROCHE (Paul)

16 — Mort d'Annibal Carrache.

Dessin au crayon noir rehaussé de blanc, provenant des cabinets du
marquis de Soyecourt et Soret. Signé en toute lettre.

## GAVARNI

17 — Un traducteur d'Anacréon.

Aquarelle. Signé.

18 — Et lui, qui a eu la simplicité de renverser un gouverne-
ment ! Non, il ne se pardonnera jamais les journées de
juillet.

A la plume et aquarelle. Signé.

19 — Madame Eloa Cabestan, tient poudre épilatoire, fait les
ménages.

A la plume et aquarelle. Signé. (Sous verre.)

20 — La Marchande à la toilette.

Aquarelle. Signé.

## GÉRICAULT

21 — Portrait de Mlle Mars.

Croquis pris à la Comédie-Française, provenant du cabinet Visconti.
Dessin à la mine de plomb.

## GRANDVILLE (J.-J.)

**22** — Cérémonie des cendres politiques.

A la plume. A été lithographié dans la *Caricature*, n° 121 du 28 février 1833, planche 250.

**23** — Caricature sur le duc d'Orléans, en quête d'une femme. Talleyrand, en habit de cour, avec un pantalon de paillasse, tire un rideau derrière lequel se tenait le duc d'Orléans dans une niche, exposé aux regards d'une assemblée de femmes.

A la plume et lavis. A été publié dans le *Charivari* du 6 juin 1833.

**24** — Autre caricature sur le duc d'Orléans en quête d'une femme ; de la même époque que le précédent.

A la plume et lavis de bistre.

**25** — Caricature sur la mort de Lafayette. Le roi en pleurs voit du château des Tuileries passer le char funèbre.

A la plume.

**26** — Le roi Louis-Philippe à table, vue de dos, boit à la santé de la République qui entre à gauche ; à droite, sortant derrière un rideau, la tête de la Folie, caricature sur le budget.

A la plume et lavis de sépia.

**27** — Théâtre de marionnettes devant Louis-Philippe et son entourage. On voit la reine Christine tenant entre ses bras l'*innocente Isabelle* sa fille, qui porte la Toison d'or. Elles sont poursuivies par Don Carlos, père et fils. Le père agite un grand sabre.

A la plume et lavis de Sépia. A été reproduit en contre-partie dans la *Caricature*.

**28** — La Condamnation de la République en cour d'assises. Presque toutes les têtes sont des portraits. Le jury est présidé par Louis-Philippe qui lit le verdict. La cour est présidée par Barthe, alors ministre de la justice.

A la plume et lavis d'encre de Chine. A été reproduit dans la *Caricature* ou le *Charivari*.

## GRANDVILLE (J.-J.)

29 — La Discussion du budget à la Chambre des députés.

A la plume.

30 — Le roi Louis-Philippe entouré de ses ministres; les journaux, la *Caricature* et le *Charivari*, regardent un transparent où est représenté le combat de la Presse contre la Charte.

A la plume.

31 — Une consultation, composition de sept figures,

A la plume, lavis d'encre de Chine et de bistre.

32 — Le Cadeau, composition de deux figures.

A la plume. Signé sur le fauteuil des initiales du maître. Provient de la vente de Grandville, avec le timbre sec en bas, vers la gauche.

33 — La Rencontre à la promenade. Composition de trois figures.

A la plume et sépia.

34 — Le Dîner à la campagne. Composition de six figures.

A la plume.

35 — Le Jeu d'écarté, composition de deux figures.

A la plume, portant le timbre sec de la vente de Grandville.

36 — Le Salut cérémonieux. Dessin curieux représentant les modes de 1828.

A la plume.

37 — La Promenade au bois de Vincennes, Composition de douze figures.

A la plume et bistre.

38 — La Leçon de danse, Composition de trois figures.

A la plume et lavis de bistre, portant le timbre de la vente de Grandville.

## GRANDVILLE (J.-J.)

39 — La Lettre de recommandation. Un vieillard assis dans un fauteuil lit une lettre que lui présente une gouvernante.

A la plume, avec le timbre de la vente de l'artiste.

40 — La Surprise. Composition de cinq figures à l'entrée d'un palais.

A la plume.

41 — Les « Jeunes Frances » de 1830. Composition de trois figures.

A la plume, portant le timbre de la vente de Grandville.

42 — La Conversation au milieu des enfants.

A la plume. Signé et portant le timbre de la vente de l'artiste.

43 — La Rencontre inattendue. Composition de six figures.

A la plume. Signé et portant le timbre de la vente de l'artiste.

44 — Réunion de priseurs. Composition de trois figures.

A la plume et lavis de bistre, portant le timbre de la vente de l'artiste.

45 — L'Intérieur des coulisses d'un théâtre.

A la plume et lavis de bistre, et sanguine.

46 — Un gommeux de l'époque.

A la plume et lavis de bistre. Signé. A été publié dans le *Magasin pittoresque*.

47 — Promenade aux champs.

A la plume et lavis d'encre de Chine, portant le timbre de la vente de l'artiste.

48 — La Vitrine.

A la plume et lavis de bistre. A été reproduit dans le *Charivari*, en lithographie, par Deperret.

## GRANDVILLE (J.-J.)

**49** — La Promenade au bois (pour les Animaux peints par eux-mêmes).

A la plume et lavis d'encre de Chine, et aquarelle.

**50** — La Maladie du coq gaulois.

A la plume et lavis d'encre de Chine.

**51** — Les Amoureux sur les toits (pour les Animaux peints par eux-mêmes).

A la plume et lavis d'encre de Chine, et de bistre.

**52** — Le Loup et les petites poules en promenade par un temps de pluie. Composition de sept figures.

A la plume et lavis de bistre, avec le cachet de la vente de l'artiste.

**53** — La devanture du magasin d'Aubert, au passage Véro-Dodat.

A la plume et lavis d'aquarelle.

**54** — Le Facteur. Composition de sept figures.

A la plume et lavis.

**55** — La même composition.

A la plume, moins fini que le précédent.

**56** — La Promenade. Composition de deux figures.

A la plume, avec le cachet de la vente de Grandville.

**57** — Les Coulisses d'un théâtre ; vers la gauche, un pompier endormi. On lit sur une affiche : *L'Incendiaire, mélodrame à grand spectacle, ballets.*

A la plume.

**58** — La meilleure des républiques. Plusieurs personnages politiques, avec figures d'animaux, contemplent la figure du roi Louis-Philippe en forme de poire, posée sur un piédestal.

A la plume et bistre.

## GRANDVILLE (J.-J.)

**59** — Le Mari trompé. Composition de trois figures dans un paysage.

> A la plume et lavis de sépia.

**60** — Agence matrimoniale. Composition de trois figures.

> A la plume et lavis d'aquarelle. A été reproduit en lithographie dans le *Charivari*.

**61** — La Querelle du portier avec sa femme.

> A la plume et lavis de bistre.

**62** — Le Singe et la petite Chatte.

> A la plume. Porte le cachet de la vente de l'artiste.

**63** — Promenade du soir. Composition de trois figures.

> A la plume et lavis d'encre de Chine, et d'aquarelle.

**64** — Le Voyageur dévalisé. Composition de quatre figures au milieu d'un bois.

> A la plume et aquarelle, portant le cachet de la vente de l'artiste.

**65** — Le Concert en famille.

> A la plume et aquarelle, portant le cachet de la vente de l'artiste.

**66** — Une fontaine avec animaux chimériques.

> A la plume et lavis de bistre.

**67** — Le Concert des chats. Composition de trois figures.

> A la plume et lavis de bistre.

**68** — La Vieille douairière et son chasseur. (Quand on n'aime plus les hommes, on aime les bêtes).

> A la plume et sépia. A été reproduit dans le *Charivari*.

**69** — Oiseau au bord d'une rivière.

> A la plume et lavis, portant le cachet de la vente de Grandville.

## GRANDVILLE (J.-J.)

**70** — Une femme avec figure de chatte, assise sur un canapé, et autres figures.

    A la plume et lavis, portant le cachet de la vente de Grandville.

**71** — Le Peintre dans son atelier.

    A la plume et lavis, portant le cachet de la vente de Grandville.

**72** — Le Bain froid.

    A la plume et lavis.

**73** — La Brebis se confessant au diable sous la figure d'un loup.

    A la plume et lavis de sépia, portant le cachet de la vente de l'artiste.

**74** — La Photographie.

    A la plume et lavis. Porte le cachet de la vente de Grandville.

**75** — Les Amateurs de tableaux.

    A la plume et lavis d'aquarelle.

**76** — Le Prédicateur.

    A la plume et lavis.

**77** — Pour qui qu'vous m'prenez?... Composition de trois figures.

    A la plume et lavis de bistre. A été gravé sur bois, avec changements.

**78** — La Promenade.

    A la plume et lavis. Porte le cachet de la vente, et a été gravé sur bois, avec changements.

**79** — Intérieur d'une chaumière.

    Aquarelle.

**80** — Sur un balcon.

    Croquis à la plume et encre de Chine, portant le cachet de la vente de Grandville.

## GRANDVILLE (J.-J.)

**81 — Têtes de chats.**

A la plume.

**82 — Portrait-caricature de Grandville, représenté sortant d'une boîte.**

A la plume et sépia, portant le cachet de la vente.

**83 — Au bal masqué.**

Croquis à la plume, report lithographique sur papier.

**84 — Les Papillons, ou Métamorphoses des peuples de l'air, par J.-J. Grandville. Suite de huit dessins, dont un servant de titre.**

A la plume et mine de plomb, avec lavis d'aquarelle.

**85 — Frontispice.**

A la mine de plomb et encre de Chine.

**86 — Le Conseil des ministres. Composition de six figures.**

A la plume et lavis de bistre. Sous verre.

**87 — Une orgie dans un atelier d'artiste. Composition de huit figures d'hommes avec figures de singes.**

A la plume et lavis d'aquarelle. Sous verre.

**88 — Tenez-moi bien, dis-je à mon témoin (Histoire d'un lièvre. Le Duel).**

A la plume et lavis d'encre de Chine et d'aquarelle. Sous verre.

**89 — Quand on attend sa belle !... Joconde.**

A la plume et lavis d'encre de Chine et d'aquarelle. Sous verre. A été gravé dans les Métamorphoses du jour.

**90 — La Répétition générale. Très belle composition.**

A la plume et lavis d'aquarelle. Sous verre.

## GRANDVILLE (J.-J.)

**91** — Je n'y suis pour personne. Composition de trois figures dans un salon.

> A la plume et lavis d'aquarelle. Sous verre. (Ce dessin a été gravé sur bois, avec beaucoup de changements.)

**92** — L'Expulsion des jésuites en 1829.

> Dessin capital, à la plume et lavis de bistre. Sous verre.

**93** — Un singe faisant l'exercice à côté de sa femelle couchée.

> A la plume et aquarelle. Sous verre.

**94** — Le Théâtre des papillons.

> A la plume et aquarelle. Sous verre.

**95** — Misère, Hypocrisie, Convoitise.

> A la plume et lavis d'aquarelle. A été gravé sur bois dans les Métamorphoses du jour. Sous verre.

**96** — Le Cuirassier en bonne fortune.

> A la plume et lavis d'aquarelle. Sous verre.

**97** — Le Défilé des artistes se rendant à l'exposition des Beaux-Arts.

> Grand et magnifique dessin en largeur, à la plume et lavis d'aquarelle. Sous verre.

**98** — Monseigneur, je vous présente mes hommages, ainsi que ma fille.

> A la plume et lavis d'encre de Chine et d'aquarelle. A été gravé sur bois, avec changements dans la composition. Sous verre.

**99** — Tu t'entêtes à jouer avec monsieur, tu vois bien qu'il retourne le roi à chaque coup.

> A la plume et lavis d'encre de Chine et d'aquarelle, portant le cachet de la vente Grandville. A été gravé sur bois, avec changements. Sous verre.

## GRANDVILLE (J.-J.)

**100** — Le Peintre. Un personnage politique, assis sur une estrade, pose devant un singe, — Peintre qui dessine son portrait.

A la plume et lavis d'encre de Chine et d'aquarelle. Porte le cachet de la vente Grandville. Sous verre.

**101** — Les Adieux.

A la plume et aquarelle, portant le cachet de la vente et avec le monogramme de l'artiste. Sous verre.

**102** — Le Bal.

A la plume et aquarelle, porte le cachet de la vente de l'artiste. Sous verre.

**103** — Dessins et calques.

Quinze compositions à la plume et crayon noir.

**104** — Six lithographies en couleur, tirées du journal *la Caricature*.

**105** — Six lithographies en noir, tirées du même journal.

**106** — Vingt-quatre pièces en couleur pour les Animaux peints par eux-mêmes.

## JONGKIND

**107** — Vue de Hollande.

A la plume et lavis. Signé et daté de 1867.

## MARILHAT

**108** — Paysage algérien.

Au crayon noir, rehaussé de blanc.

## MICHEL

**109 — Les Champs-Élysées.**

Au crayon noir, rehaussé d'aquarelle. Signé.

## MONNIER (Henri)

**110 — Henry Monnier et sa famille.**

Superbe dessin au crayon noir, rehaussé de blanc. Encadré.

**111 — Les Amants surpris.**

A la plume et aquarelle.

**112 — La Balance.**

A la plume et aquarelle.

**113 — Le Cancan.**

A la plume et aquarelle. Signé au crayon.

**114 — Les Tuilleries !**

A la plume et aquarelle.

**115 — Sous la treille ! !**

A la plume et aquarelle.

**116 — La Nourrice !**

A la plume et aquarelle.

**117 — Le Ballet.**

Aquarelle.

**118 — Henri Monnier et ses deux convives.**

A la plume et aquarelle.

**119 — Le Gastronome !**

A la plume et aquarelle.

**120 — Le Ballet.**

Aquarelle.

## MONNIER (Henri)

21  121 — Le Maître d'école.
A la plume et lavis d'aquarelle.

122 — M. Prud'homme.
A la plume et aquarelle.

123 — Le Coup de poing !
Aquarelle.

124 — Je n'ai pas le sou ! !
Aquarelle.

125 — La Sortie du cabaret.
Aquarelle.

20  126 — La Bonne fortune !
A la plume et aquarelle.

17  127 — A qui payera !
Aquarelle.

14  128 — Elle l'attend !
A la plume et aquarelle.

129 — C'est elle ! !
A la plume et aquarelle.

130 — Le Marchand de lunettes.
A la plume et aquarelle.

131 — Le Rendez-Vous !
Aquarelle.

18  132 — M. Prud'homme.
A la plume et aquarelle.

## MONNIER (Henri)

21     133 — Au Cercle.
          Aquarelle.

35     134 — La Promenade.
          Aquarelle.

22     135 — Le Salon, 1840.
          A la plume et aquarelle.

67     136 — Première représentation.
          A la plume et aquarelle.

21     137 — Monsieur et Madame Prud'homme.
          A la plume et aquarelle.

30     138 — Quatre croquis divers, montés sur une même feuille.
          A la plume et lavis d'aquarelle.

76     139 — Le Gastronome.
          Aquarelle.

14     140 — Promenade au bois de Boulogne.
          Aquarelle.

18     141 — Le Coiffeur d'Henry Monnier.
          Aquarelle.

30     142 — La Déclaration.
          A la plume et aquarelle.

57     143 — Directeur de spectacle.
          A la plume. Signé : Henry Monnier. Rouen, mai 72. Aquarelle.

14     144 — Robinson, près Sceaux.
          Aquarelle.

## MONNIER (Henri)

145 — Le Premier rendez-vous !

A la plume et aquarelle.

146 — Le Pantalon trop collant.

A la plume et aquarelle.

147 — Le Cabaret.

A la plume et aquarelle.

148 — Le Tailleur.

A la plume et aquarelle.

149 — La Bayadère.

Aquarelle.

150 — Le Rendez-Vous.

Aquarelle.

151 — Une Soirée chez Madame X.

Dessin capital, à l'aquarelle.

152 — Le Café des Aveugles (Palais-Royal).

Aquarelle.

153 — La Partie de boules.

Aquarelle.

154 — Le Tête-à-Tête.

Aquarelle.

155 — La Maison de jeux du Palais-Royal.

Aquarelle.

156 — Après la lecture.

Aquarelle.

## MONNIER (Henri)

47   157. — Le Jardin public.

       Aquarelle.

51   158 — Le Déjeuner sur l'herbe.

       Aquarelle.

16   159 — Un Portrait de femme et une branche de rosier, avec fleurs.

       Aquarelle.

15   160 — La Terrasse du Luxembourg.

       A la plume et aquarelle.

40   161 — Le Théâtre du Luxembourg (Bobino).   *Suchet*

       Aquarelle.

28   162 — Robinson.

       Aquarelle.

16   163 — Le Tendre baiser. — La Lecture. Deux dessins.

       Aquarelles.

30   164 — Episode de la Révolution de 1830.

       Aquarelle.

100   165 — Le Bal Mabile.   *Dumont*

       Aquarelle.

28   166 — La Chasse aux papillons.   *) Delaurière*

       Peinture à l'huile.

      167 — Promenade à Saint-Cloud.

       A la plume et aquarelle.

26   168 — Croquis.

       Deux dessins au crayon, sur papier calque.

## PRUD'HON (P.-P.)

169 — Le Père Éternel soutenu sur un nuage par des anges.

Au crayon noir, rehaussé de blanc, sur papier bleu. Encadré.

## ROQUEPLAN (Camille)

170 — O. Cromwell, contemplant le portrait du roi Charles I<sup>er</sup>.

Aquarelle provenant de la vente après décès de l'artiste. Signé et daté de 1826.

Imprimerie PILLET et DUMOULIN, rue des Grands-Augustins, 5, à Paris.

www.ingramcontent.com/pod-product-compliance
Lightning Source LLC
LaVergne TN
LVHW012334060726
842524LV00017B/1803